Momo und die Zeitdiebe

Michael Ende

Momo und die Zeitdiebe

Ein Spiel für das Musiktheater in zwei Teilen
(nach dem gleichnamigen Märchenroman)

Besuchen Sie uns im Internet:
www.hockebooks.de

Michael Ende: Momo und die Zeitdiebe. Ein Spiel für das
Musiktheater in zwei Teilen.
Libretto von Michael Ende.

Copyright © 2020 by Nachlass Michael Ende
vertreten durch AVA international GmbH, Germany

Covergestaltung: Joachim Luetke (www.luetke.com)
unter Verwendung eines Ausschnitts des Gemäldes »Genius«
(»Genius Loci") (1936, Öl auf Leinwand, WZ 90) von Edgar Ende

© der Bilder Michael Ende Erben VG-Bild-Kunst, Bonn 2020

Für die vorliegende Ausgabe:
© 2020 by hockebooks gmbh, München

Herstellung: BoD – Books on Demand, Norderstedt
Printed in Europe

ISBN: 978-3-95751-338-0

Sie möchten »Momo und die Zeitdiebe« als Theaterstück aufführen?
Wir freuen uns über Ihr Interesse und bitten Sie, Ihre Anfrage an die
AVA international (info@ava-international.de) zu senden.

www.michaelende.de
www.ava-international.de

EINIGE BEMERKUNGEN ZUR INSZENIERUNG

Das Bühnenbild

Die Grunddekoration besteht aus einem amphitheatralischen Halbrund, das in unregelmäßigen Stufen und Absätzen nach hinten ansteigt. Den Hintergrund der Bühne bildet ein glatter, heller Rundhorizont, der sich für Projektionen eignet.

Die jeweiligen Schauplätze werden durch ein Minimum an bildhaften „Signalen" angedeutet, damit der Ablauf der Handlung ohne Unterbrechung erfolgen kann. Auch das Bühnenbild spielt also mit und ist fast ständig in Bewegung. Die jeweiligen „Signale" sollen natürlich schön sein, sollen jedoch auf keinen Fall unmittelbare Illusion erzeugen. Die Phantasie des Zuschauers wird aufgefordert, mitzuarbeiten.

Zu den einzelnen Figuren

Momos Freunde, Gigi, Beppo usw.:

Ihre Kleidung soll auf keinen Fall Folkloreelemente enthalten wie etwa bunte Kopftücher, gestreifte Hemden, Schärpen oder ähnliche „italienische" Attribute. Es handelt sich hier einfach um arme Leute, die so aussehen, wie sie überall aussehen – höchstens noch ein wenig ärmer.

Wenn Gigi zum Star geworden ist, kann er einen eleganten weißseidenen Anzug tragen oder irgendeine andere der heute üblichen Show-Ausstattungen.

Momo:

Sie wird tunlichst von einer möglichst kleinen und zierlichen Sängerin dargestellt werden. Sie trägt einen knöchellangen Rock aus bunten Flicken und eine viel zu große alte Männerjacke. Sie geht barfuß. Ihr schwarzer Lockenkopf sieht aus, als sei er noch nie mit Kamm oder Schere in Berührung gekommen. Ihr dunkler Teint kann durchaus auch einfach auf Ungewaschenheit schließen lassen. Momo braucht nicht hübsch und niedlich auszusehen, sondern verwahrlost und rührend.

Kassiopeia, die Schildkröte:

Eine Schildkröte natürlicher Größe (die Momo später sogar unter dem Arm tragen kann) würde auf einer großen Bühne praktisch kaum zu sehen sein, abgesehen von anderen sich ergebenden Schwierigkeiten wie der des Singen usw. Andererseits würde eine Sängerin in dem Kostüm einer Schildkröte unbedingt lächerlich oder sogar monströs wirken.

Aus diesem Grund soll Kassiopeia durch eine Sängerin in schwarzem, neutralem Kleid dargestellt werden, die eine schöne, vielleicht goldene Schildkröte auf ihren Händen trägt. Diese der asiatischen Theatertradition entnommene Lösung stellt einige Anforderungen an die Konzentration der Darstellerin, mit welcher sie ihr Wesen in die Schildkröte hineinversetzt. Momo und Meister Hora können ihr dabei helfen, indem sie niemals die Darstellerin, sondern immer die Schildkröte ansehen.

Meister Hora:

Für diese Figur gibt es mehrere Möglichkeiten, er kann einfach einen neutralen Anzug anhaben und alterslos wirken, er kann auch als feiner älterer Herr auftreten, auf keinen Fall jedoch darf er irgendetwas Hohepriesterliches, Sarastrohaftes an sich haben.

Die Grauen Herren:

Sie tragen elegante graue Anzüge, graue Hüte (eventuell sogenannte Bomben), graue Aktentaschen und rauchen *immer* kleine graue Zigarren. Auch ihre Gesichter sind grau. Wenn sie die Hüte abnehmen, haben sie spiegelnde graue Glatzen. Die Darsteller sollen einander an Gestalt und Stimme möglichst ähnlich sein, sodass man sie verwechseln kann. Um ein Höchstmaß an Uniformität und Anonymität zu erreichen, empfiehlt es sich, dass sie graue Halbmasken tragen, doch sollen diese nicht in etwa dämonisch, sondern glatt und ausdruckslos sein. Nur wenn man sie tatsächlich verwechseln kann, genügen drei

Wortführer. Wenn jener eine, der während des Hochgerichts auf der Müllhalde hingerichtet wird, später wieder erkennbar ist, könnte er natürlich nicht mehr auftreten, ohne dass der Zuschauer über die Natur der Grauen Herren in Verwirrung geraten müsste. In diesem Fall empfiehlt es sich, statt seiner einen vierten Wortführer einzusetzen.

Personen

Der Sprecher

Momo...lyrischer Sopran

Ihre Freunde
Gigi..Tenor
Beppo..Bass

Nino, Gastwirt...Bariton
Liliana, seine Frau..Sopran
Fusi, Friseur..Tenorbuffo

Agenten der Zeitsparkasse
1. Grauer Herr ⎫
2. Grauer Herr ⎬..............mittlere Stimmen, evtl. Schauspieler
3. Grauer Herr ⎭

Meister Hora..Bariton

Kassiopeia, eine Schildkröte...............................Alt

Puppen
Bibigirl ⎫
Bubiboy ⎭..Tänzer

Ein Polizist..Bariton

Chor der Grauen Herren, Volk und Kinder

Spielt heutzutage in der Umgebung einer großen südlichen Stadt

ERSTER TEIL

Amphitheater.
Die Bühne ist leer und halb dunkel.
Momo sitzt etwas abseits auf einer der Stufen.
Der Sprecher tritt auf. Licht.

SPRECHER

Das Spiel, das wir euch zeigen wollen, heißt:
Die seltsame Geschichte von den Zeit-Dieben
und von dem Mädchen, das den Menschen
die gestohlene Zeit zurückbrachte.
Wir könnten euch diese Geschichte erzählen,
als ob sie schon geschehen wäre.
Wir könnten sie auch so erzählen,
als geschehe sie erst in Zukunft.
Wir wollen sie euch aber spielen,
als geschehe sie jetzt und hier.
Manches jedoch, was man nicht zeigen kann,
zeigen wir nicht.
Damit ihr es dennoch hört und seht,
bitten wir euch:
Habt Phantasie!
(sich zu Momo wendend)
Das hier zum Beispiel ist Momo,
ein kindliches Wesen, das nichts besitzt,
als was es geschenkt bekommt oder irgendwo findet.
Dafür besitzt Momo eine geheimnisvolle Zauberkraft:
Sie kann zuhören, wie niemand sonst.
Mit dieser Gabe bringt sie die Menschen dazu,
ihr wahres Wesen zu offenbaren.
Dumme haben plötzlich sehr gescheite Gedanken,
Schüchterne fühlen sich frei und mutig
und Unglückliche wissen auf einmal,
weshalb sie auf der Welt sind.
(geht auf sie zu)
Sag Momo, wo kommst du eigentlich her?

MOMO
(mit einer unbestimmten Handbewegung)
Von weit her.

SPRECHER
Wie alt bist du denn?

MOMO
(zögernd)
Hundert.

SPRECHER
(lächelt)
Im Ernst, wie alt?

MOMO
(noch unsicherer)
Hundertzwei …

SPRECHER
Mir scheint, du kannst nicht zählen.

MOMO
(sehr ernst)
Niemand hat mir's beigebracht.

SPRECHER
Wann bist du denn geboren?

MOMO
Soweit ich mich erinnern kann,
war ich schon immer da.

SPRECHER
Und wo wohnst du?

MOMO
Hier in diesem alten Gemäuer,
das niemand gehört.
Es liegt versteckt in einem Pinienwäldchen
weit draußen vor der großen Stadt.

SPRECHER
Hast du denn keine Eltern, keine Familie,
niemand, der für dich sorgt?

MOMO
O doch, ich habe viele gute Freunde.
(die Freunde kommen herein und Momo stellt sie vor)
Da ist der liebe alte Beppo Straßenkehrer.

BEPPO
(tritt vor)
Wenn ich die Straßen kehr' mit meinem Besen –
ein Schritt – ein Atemzug – ein Besenstrich –
vor mir die schmutzige Straße, hinter mir die saubre,
dann kommen oft Gedanken über mich,
große Gedanken, schwierig zu erklären
wie Träume, spricht man's aus, schon ist es fort –
doch braucht nur Momo manchmal zuzuhören,
dann find' ich wie von selbst das rechte Wort.

MOMO
Dort ist Herr Fusi, der Barbier.

FUSI
(tritt vor)
Rasieren, Scherenklappern und Pomade,
so geht mein Tag, so geht mein Leben hin.
Das Höhere in mir muss schweigen, das ist schade!
Doch wenn mir Momo zuhört, weiß ich, wer ich bin.

MOMO
Und Nino, der Wirt, mit seiner Frau Liliana.

LILIANA
(tritt vor)
Nur kochen, spülen, Küchendünste,
da meint man oft, man geht zugrund'.
Doch hier bei Momo find' ich zu mir selber,
wenn sie mir zuhört, wird mein Herz gesund.

NINO

Ja, Frau, mit unsrer Wirtschaft geht's bescheiden,
doch mag ich unsre Gäste gerne leiden,
friedliche Leute, freundlich, frohgemut …
Und reden sich mal zwei in Wut:
„Geht doch zu Momo!", sagt man zu den beiden,
sie gehen hin – und sind sich wieder gut.

MOMO

Und da ist Gigi, der so schöne Lieder machen kann.

GIGI

(tritt vor)
Ich aber hab seit jenem goldenen Tag,
da ich mein erstes Lied ihr vorgesungen
– erlaubt, dass ich es ganz bescheiden sag' –
zum wahren Dichter mich emporgeschwungen.
Wenn Momo lauscht – ich kann es euch beschwören! –
erwacht in mir ganz einfach das Genie!
Nur Momo kann in unsere Herzen hören
und niemand, niemand hört so zu wie sie!

*Alle Darsteller ab bis auf Gigi und Momo, die sich nebeneinander auf
die Stufen des Amphitheaters setzen. Während des Folgenden wird es
langsam dunkel, Licht nur auf den beiden.*

MOMO

Gigi, was tust du so den ganzen Tag?

GIGI

Sie sagen, ich hätte keinen Beruf,
aber ich habe Hunderte,
jeden Tag einen andern.
Sie sagen, Geschichten erzählen und singen
den ganzen Tag, das ist keine Arbeit.
Und wenn schon! Mit Arbeit reich werden,
das kann schließlich jeder.
Aber Gigi bleibt Gigi!
Eines Tages werde ich reich und berühmt sein,

und das habe ich nur dir zu verdanken,
weil du mich angehört hast, kleine Momo.
Sag, was ist dein Geheimnis?

MOMO
(erstaunt)
Ich weiß nicht.

GIGI
Und so – so hörst du allen zu?
Den Menschen, den Vögeln, dem Lied der Zikaden?
Sogar dem Wind in den Bäumen?

MOMO
Ja, weil doch alles spricht. Es spricht zu mir.
Nachts manchmal sitz' ich ganz alleine hier,
und oft kommt mir's dann vor,
als säße ich in einem großen Ohr,
das in den Sternenhimmel lauscht.
Die Stille rauscht
und manchmal fühl' ich mich ganz leise
emporgehoben
und hör' auf wunderbare Weise
Musik dort oben.

GIGI
Im Dunkel scheint dein Licht.
Woher, ich weiß es nicht.
Es scheint so nah und doch so fern.
Ich weiß nicht, wie du heißt,
was du auch immer seist:
Schimmere, schimmere, kleiner Stern!

Das Licht über den beiden erlischt, Licht auf den Sprecher.

SPRECHER
Momo nicht und keiner ihrer Freunde ahnt,
dass bald ein Schatten über ihr Leben fallen wird.
Ein Schatten, der schon jetzt, dunkel und kalt,

über die große Stadt sich breitet.
Es scheint, dass niemand sie bemerkt,
die Grauen Herren,
die überall herumstreifen und sehr beschäftigt sind.
Dabei sind sie durchaus nicht unsichtbar:
Man sieht sie – und man sieht sie doch nicht.
So geht es auch Herrn Fusi, dem Friseur.

Licht seitlich auf Herrn Fusis kleinen Friseurladen, nur angedeutet.
Herr Fusi. Licht auf dem Sprecher erlischt.

GRAUER HERR 1
  (tritt rasch auf)
  Ich komme von der Zeitsparkasse.
  Wir wissen, dass Sie ein Sparkonto
  bei uns eröffnen wollen.

FUSI
  Das ist mir neu.

GRAUER HERR 1
  Sie vergeuden das Kapital ihrer Zeit!
  Eine kleine Rechnung wird es beweisen.
  Zuerst Ihre Haben-Seite:

Alle Zahlen werden während der folgenden Szene auf den Rundhorizont projiziert.

GRAUER HERR 1
  Eine Minute hat sechzig Sekunden.
  Eine Stunde hat sechzig Minuten,
  vierundzwanzig Stunden der Tag.
  Minuten und Stunden sind alle Sekunden!
  Macht also sechshundertachtzigtausend-
  vierhundert Sekunden auf einen Schlag.

FUSI
  Stimmt!

GRAUER HERR 1
Dreihundertfünfundsechzig Tage
hat, wie Sie wissen, gewöhnlich ein Jahr.
Macht also einunddreißig Millionen
fünfhundertsechsunddreißigtausend
runde Sekunden – ist Ihnen das klar?

FUSI
Klar!

GRAUER HERR 1
Ihr Lebensalter ist zweiundvierzig.
Wir multiplizieren die obige Summe –
in Nullkommanichts, bitte, kann man das tun:
Macht eine Milliarde dreihundertvierundzwanzig
Millionen und fünfhundertzwölf Mal
tausend Sekunden – was sagen Sie nun?

FUSI
Toll!

GRAUER HERR 1
Dies also
steht auf Ihrer Haben-Seite.
Sehen wir nun,
was Ihnen
übrig blieb.
Ihre Soll-Seite:
Acht Stunden tägliche Arbeit.
Acht Stunden nächtlicher Schlaf.
Zwei Stunden tägliches Essen.
Zwei Stunden Arbeit im Haus.
Alles verlorene Zeit,
alles verlorene Zeit!
Kino, Kirche und Freunde,
drei Stunden pures Geschwätz!
Anderthalb Stunden für Pflege
von Katze, Vogel und Hund.

Und dann der Besuch bei der Mutter,
täglich ein Stündchen und mehr.
Und auch Ihre kleine Geliebte
kostet Sie kostbare Zeit.

FUSI
Du liebe Zeit! Wie er das macht!
Das hab' ich ja noch nie bedacht!
Ich werd' verrückt!
Der Mann zerstückt
mein Leben mir,
als wär's Papier!
Du liebe Zeit ...
(usf.)

GRAUER HERR 1
Macht eine Milliarde dreihundertvierundzwanzig
Millionen und fünfhundertzwölf Mal
tausend Sekunden verlorener Zeit!
Die ziehen wir ab von der obigen Summe:
Verbleibt als
Ihr wirklicher Konto-Stand
ein kläglicher Rest.
Tut mir leid!

Die Projektion füllt den ganzen Hintergrund mit Nullen.

FUSI
(zerschmettert)
Das ist also die Bilanz
meines ganzen Lebens!
MACH MEHR AUS DEINEM LEBEN – SPARE ZEIT!
ZEIT IST KOSTBAR – VERLIERE SIE NICHT!
ZEIT IST GELD
(usf.)

GRAUER HERR
Wenn Sie ab heute zu sparen beginnen,
sagen wir – täglich ein Stündchen vielleicht,

macht das in zwanzig Jahren
einen enormen Betrag:
Zweihundertfünfzig Millionen
fünfhundertsechzigtausend
zu Ihrer freien Verfügung!

FUSI
Großartig!

GRAUER HERR 1
(schmeichelnd)
Es kommt noch viel besser, mein Lieber!
Wir zahlen Zinsen – Sie werden staunen!
So günstig, dass alle fünf Jahre
sich Ihr Erspartes verdoppelt!
In zwanzig Jahren beläuft sich Ihr Konto
auf schwindelnder Höhe:
Sechsundzwanzig Milliarden
neunhundertzehn Millionen
siebenhundertundzwanzigtausend!
Das Zehnfache Ihres gesamten Lebens!

FUSI
(aufgeregt)
Was kann ich tun,
um Mitglied zu werden?

Im nun Folgenden wirbeln Zahlen und Sprüche durcheinander.

GRAUER HERR 1
Wissen Sie nicht, wie man Zeit spart?
Vertun Sie Ihre kostbare Zeit nicht:
(treibt Fusi wie mit Boxschlägen in die Enge)
Mit Singen und Schwätzen!
Mit sogenannten Freunden!
Mit zärtlichen Stunden!
Mit Katzen und Hunden!

FUSI
(zermürbt)
Ich bin zu allem bereit!
Nur nehmen Sie mich auf! Ich flehe Sie an!

GRAUER HERR 1
Ist das Ihr ernster Wille!

FUSI
Ja!

GRAUER HERR 1
Dann nehme ich Sie auf!

FUSI
Welch Glück! Er nimmt mich auf!

GRAUER HERR 1
Hiermit begrüße ich Sie
als neues Mitglied
in der großen Gemeinde der Zeit-Sparer.
Nun sind auch Sie, Herr Fusi,
ein wahrhaft moderner Mensch.
Leben Sie wohl!

*Der Graue Herr geht rasch ab, während Fusi wie betäubt auf seinem
Rasierstuhl hängt. Das Licht auf ihn erlischt. Licht auf den Sprecher.*

SPRECHER
Wie alle, die solche Besuche bekommen,
und wie auch manch einer von Euch,
hat Herr Fusi den Grauen Herrn
bereits vergessen.
Nur – den Beschluss von nun an Zeit zu sparen,
hält er für seinen eigenen.
Doch Zeit ist Leben
und das Leben wohnt im Herzen.
Je mehr wir daran sparen,
desto weniger haben wir.
Solche wie Fusi sind

schon viele in der großen Stadt
und werden täglich mehr.
Und auch von Momos alten Freunden
bleiben schon manche aus.
Da macht das Kind sich eines Tages auf,
es will die Freunde suchen und sie fragen,
was ihnen widerfahren ist.

Licht auf die Dekorationsandeutung von Ninos kleiner Trattoria. Nino, Liliana, im Hintergrund zwei oder drei verängstigte Kinder. Momo tritt zu ihnen und hört Ninos Streit mit Liliana zu. Der Sprecher setzt sich auf die Stufen des Spielgerüstes und beobachtet die Szene.

LILIANA
(zu Momo, etwas barsch)
Was willst denn du?
Etwas essen?

MOMO
(schüttelt den Kopf)

NINO
Höre Momo,
wir haben jetzt
wahrhaftig keine Zeit für dich!

MOMO
Ihr kommt nie mehr zu mir. Warum?

NINO
Ach Kind,
uns drücken andre Sorgen im Augenblick.

LILIANA
Ja, andre Sorgen hat er jetzt, mein Mann!
Zum Beispiel, wie man liebe alte Gäste
aus unserm Haus vertreiben kann!
Das tut er jetzt! So fängt es schon mal an!

NINO

Das ist nicht wahr! Ich habe sie gebeten,
in Zukunft mein Lokal nicht zu betreten!
Und weißt du auch, warum?
Weil überhaupt kein bessres Publikum,
kein zahlendes, zu uns gekommen ist,
solang die alten Kerle hier erschienen!
An denen ist für uns nichts zu verdienen.
Zerlumpt und schmutzig sind sie, dass Gott erbarm!

LILIANA

Sie sind nicht schmutzig, Nino! Sie sind arm!

NINO

Ich will es schließlich zu was bringen!

LILIANA

Zu schämen hast du dich vor allen Dingen!

NINO

Dass unsre Wirtschaft vornehm wird und fein!

LILIANA

Ich nenn' das einfach nur gemein!

NINO

Zum Teufel! Ist das ein Verbrechen?

LILIANA

Wie kannst du so vor unsern Kindern sprechen!

NINO

Ich tu das alles nicht allein für mich!
Ich tu's für unsre Kinder und für dich!
Herrgott, Liliana, siehst du das nicht ein?

LILIANA

Nein!
(sie nimmt die Kinder und geht wütend ab)

NINO
(nach einer Weile, halb zu sich, halb zu Momo)
Ich geb ja zu, mir tut's schon leid,
dass ich die Alten rausgeworfen habe.
Seitdem kommt's fremd mir vor und kalt,
fast wie in einem Grabe.

MOMO
(schaut ihn nur an und hört zu)

NINO
Du schaust mich an und lächelst?
Ja, du hast recht.
Wie gut, dass du gekommen bist!
Fast hätt' ich es vergessen,
dass wir in solchen Fällen früher sagten:
Geh doch zu Momo!
Weil wir bei dir uns selber wiederfanden.
Jetzt komm' ich wieder, Momo! Einverstanden?

MOMO
(lächelt)
Einverstanden!

Sie geben sich die Hand. Momo geht und Nino schaut ihr nach. Das Licht auf ihn erlischt, die „Trattoria" verschwindet. Licht auf das Amphitheater wie zu Anfang. Momo spielt auf der Erde. Auf den Stufen liegt eine lebensgroße Puppe (Tänzerin) mit Minirock und Riemchenschuhen, durchaus sexy. Momo bemerkt sie noch nicht. Der Sprecher sitzt noch immer, wo er saß.

SPRECHER
Und so, einen nach dem anderen,
holt Momo ihre alten Freunde
zu sich zurück.
Ohne es zu wissen,
kommt sie damit den Plänen
der Grauen Herren in die Quere, weit gesteckten
und klug durchdachten Plänen.

Und dass ein Kind sie stört, das können
die Grauen Herren nicht dulden.
(der Sprecher geht ab)

MOMO
(spielend)
Ein buntes Federchen,
ein blaues Scherbchen Glas,
das Blümchen hier im Gras
ist eine schöne Dame.
Das Steinchen ist ein Rittersmann,
der goldene Knopf sein Hut.
Die Muschel ist ein Silberkahn,
nun fährt er durch die Flut …
(Sie bricht ab, weil sie die Puppe entdeckt. Sie nähert sich ihr faszi-niert und richtet sie auf.)

PUPPE
(klappert mit den Augendeckeln, schnarrt)
Ich bin Bibigirl, die vollkommene Puppe.

MOMO
(fährt erschrocken zurück, dann:)
Ich bin Momo.

PUPPE
Ich gehöre dir. Alle beneiden dich um mich.

MOMO
Ich glaube eher, dass dich jemand hier vergessen hat.

PUPPE
Ich möchte noch mehr Sachen haben.

MOMO
Ich weiß nicht, ob ich etwas hab'
das zu dir passt. Das hier sind meine Sachen.
Wenn du was magst, dann sag' es nur.

PUPPE
Ich bin Bibigirl, die vollkommene Puppe.

MOMO
Ich weiß schon. Wie gefällt dir
der goldene Knopf hier?

PUPPE
Ich gehöre dir. Alle beneiden dich um mich.

MOMO
Das hast du schon gesagt. Wollen wir spielen?

PUPPE
Ich möchte noch mehr Sachen haben.

MOMO
(starrt sie ratlos an)

Hinter Momo taucht plötzlich der Graue Herr 2 auf.

GRAUER HERR 2
Was du für eine schöne Puppe hast!
Die war bestimmt sehr teuer?

MOMO
Ich habe sie gefunden.

GRAUER HERR 2
Was du nicht sagst!
Du bist ein richtiger Glückspilz, wie mir scheint.
Nur glaube ich, du weißt nicht recht, wie man mit einer
so fabelhaften Puppe spielen muss.
Soll ich dir's zeigen?

PUPPE
Ich will noch mehr Sachen haben.

GRAUER HERR 2

Siehst du, sie sagt es dir schon selbst.
Man muss ihr etwas bieten, Kleider, Mantel, Schuhe, Hüte!
Und passende Gefährten. Hier kommt Bubiboy.
Gefällt er dir?

Bubiboy erscheint. Er ist ebenso schaufensterpuppenhaft gekleidet und bringt Bibigirl einen Nerzmantel oder dergleichen

GRAUER HERR 2

Es gibt auch Freundinnen für Bibigirl,
Und dazu wieder Freunde
und neue Freundinnen. Sind sie nicht schön?

Von überall her tauchen nun Puppen auf mit allem nur erdenklichen Wohlstandszubehör, angefangen von Golfschlägern, Tennisausrüstung und Kofferradios bis zu Körperspray und Revolvern. Sie umkreisen Momo, die erschrocken in der Mitte sitzt, mit verlockenden Gebärden.
TANZ DER PUPPEN! Momo weicht vor ihnen zurück, aber sie umringen und bedrängen sie immer wieder. Schließlich bleiben sie stehen wie ein abgelaufenes Uhrwerk und starren Momo mit gläsernen Augen an.

GRAUER HERR 2

Du siehst, das Spiel ist gar nicht schwer.
Man lernt es Zug um Zug:
Du brauchst nur immer mehr und mehr
und hast doch nie genug.
Du möchtest wohl dies Spielzeug nun?
Du willst es doch, nicht wahr?
Du brauchst auch nichts dafür zu tun.
Nein, nein, ich schenk' es dir sogar!
Spiel nur! Fang an! Denn wer beginnt,
wird's nie mehr überdrüssig,
du brauchst dann keine Freunde,
die sind nun überflüssig.

MOMO
(schüttelt ängstlich den Kopf)

GRAUER HERR 2
Was denn? Noch nicht zufrieden?
Bei diesem Wunderwerk?
Es ist vollkommen, regt sich, spricht,
hat Mund und Augen im Gesicht …

MOMO
(leise)
Bloß lieb haben kann man es nicht.

GRAUER HERR 2
Das ist nicht wichtig,
ist längst nicht mehr modern.

MOMO
Doch meine Freunde – habe ich gern.

GRAUER HERR 2
Nur auf eines kommt es an:
Dass man mehr ist, mehr hat, mehr kann!
Besprechen wir das mal im Ernst,
damit du's endlich einmal lernst.
Nun also, Momo, hör' gut zu!
Man sagt ja wohl, das könntest du.

Momo beginnt auf ihre Art zuzuhören. Schon von hier an wird der Graue Herr zunehmend unruhiger und wehrt sich gegen etwas, das ihm unbegreiflich ist.

GRAUER HERR 2
Was haben deine Freunde
denn davon, dass du sie lieb hast?
Glaubst du, es nützt ihnen was?
Hilft ihnen voranzukommen!
Mehr Geld zu verdienen?
Nein! Spornst du sie an, aus ihrem
Leben mehr zu machen?

Dreimal nein! In Gegenteil!
Du hältst sie ab von allem Wichtigen,
machst aus ihnen Tagediebe,
wie du selber einer bist!
Du schadest deinen Freunden
einfach dadurch, dass du da bist
und bist in Wirklichkeit ihr Feind,
und das nennst du – jemand lieb haben?
(*Momo verkriecht sich fröstelnd in ihre Jacke*)
Halt Deine Freunde nicht mehr fest,
wir meinen's gut mit den Armen.

MOMO
Wir?

GRAUER HERR 2
Wenn du sie uns jetzt überlässt,
wolln wir uns ihrer erbarmen.

MOMO
Wer seid denn „Ihr"?

GRAUER HERR 2
Wir von der Zeitsparkasse,
wir sind die Vielen,
schenken die Puppe dir,
sollst mit ihr spielen.
Fang an! Fang an!

MOMO
Ich höre nur Worte, aber dich,
dich selber hör' ich nicht.
Nur eine Stimme höre ich,
die aus dem Dunkel zu mir spricht.
Warum versteckst du dich vor mir,
verbirgst dich wie ein Dieb?
Wer bist denn du? Was ist mit dir?
Hat dich denn niemand lieb?

GRAUER HERR 2
(*beginnt zu keuchen, immer verzweifelter gegen Momos Wirkung auf ihn ankämpfend*)
Nein! Du sollst mich nicht bezwingen!
Keiner darf uns je durchschauen!
Unsre Macht kann nur bestehen,
wenn wir im Geheimen wirken!
Ach, wie mühsam ist das Dasein,
voller Sorgen das Geschäft,
dass die Menschen nur nicht merken,
wie wir sie um ein Sekündchen,
ein Minütchen oder Stündchen
übertölpeln, überlisten!
Denn die Zeit, die sie ersparen,
ist den Toren ganz verloren!
(*Sein Widerstand bricht zusammen. Wie ohne Bewusstsein brechen die Worte aus ihm hervor. Seine Stimme, bisher verstellt, verwandelt sich mehr und mehr in die kalte, rasselnde Stimme der Grauen Herren.*)
Ach, uns hungert, ach, uns dürstet
ohne Maß nach ihr, wir saugen
gierig sie euch aus, wir rauben,
ja, wir reißen sie euch weg,
horten sie und speichern, speichern,
was wir nur erraffen können!
Ohne sie – sind wir verloren!
(*gleichzeitig mit Momo*)
Doch trotz aller List und Eile
drückt die Not uns täglich schwerer,
denn wir sind schon jetzt ein Heer
und wir werden ständig mehr,
immer mehr und mehr und mehr …

MOMO (*gleichzeitig mit dem Grauen Herrn 2*)
Jetzt hör' ich seine Stimme,
den eignen, bösen Ton!
Es spricht aus ihm die Leere,
Verstellung, Angst und Hohn.

Warum versteckt er sich vor mir
wie ein Dieb in der Nacht?
Was ist er denn? Was will er nur?
Welch kalte, fremde, fürchterliche Macht!

GRAUER HERR 2
*(hält sich selber gewaltsam mit beiden Händen den Mund zu und
stiert Momo voll panischer Angst an)*
Was war das? Was hast du mir entlockt?
Mit welcher Gewalt hörst du zu?
Vergiss, was ich sagte! Vergiss den, der spricht!
Du musst es! Du musst es! Mich gibt es nicht!
Ich bin niemals bei dir gewesen!
(Er flieht, wie gehetzt. Die Puppen folgen ihm.)

MOMO
(reglos, leise)
Beppo! Gigi! Wo seid ihr? Ich habe Angst.

Dunkel.

SPRECHER
(tritt seitlich vor)
Momo vergisst den Besucher nicht,
wie alle andern es tun,
denn sie hat seine wirkliche Stimme gehört.
(Momo geht ab)
Sie berichtet ihren Freunden,
was sie gesehen und gehört hat.
Gigi schmiedet Pläne – große Pläne:
Er meint, den Grauen Herren ihre Macht zu nehmen
sei ein Kinderspiel.
Man müsse nur ihr geheimes Wirken aufdecken.
Doch dazu braucht er Helfer, viele Helfer,
er findet sie in den Kindern,
um die sich niemand kümmert, weil
niemand mehr Zeit für sie hat.

Von allen Seiten marschieren Gruppen von Kindern auf die Bühne. Sie tragen Transparente, Umhängetafeln und Protestplakate. Die Inschriften sind in ungelenker Kinderschrift geschrieben und lauten etwa so: ZEIT SPAREN? ABER FÜR WEN? WARUM HABT IHR KEINE ZEIT? WIR KINDER SAGEN EUCH BESCHEID! LASST EUCH NICHT MEHR BETRÜGEN! SCHENKT EURE ZEIT UNS ANSTATT DEN DIEBEN! usw. Dazu machen die Kinder Lärm auf Kanistern und Topfdeckeln. Wenn alle versammelt sind, kommt Gigi dazu.

GIGI
(tritt unter die Kinder)
Sind alle da? Beginnen wir!
Darf ich um Ruhe bitten!
Ihr stellt euch rechts, nach links geht ihr,
und ihr da in die Mitten!
Noch eins: Ihr dürft nicht bange sein.
Lasst eure Stimmen schallen!
Wir schlagen Lärm, dass Groß und Klein
vor Schreck in Ohnmacht fallen.
Jetzt hoch die Tafeln, dass man sieht,
warum wir hier marschieren!
Gebt acht! Nun singen wir das Lied.
Ich werde dirigieren.
(auf Gigis Zeichen machen die Kinder einen Höllenlärm, auf ein zweites Zeichen sind sie still)

CHOR DER KINDER
Haben wir euch gar erschreckt?
Seid uns drum nicht böse!
(Lärm, dann wieder Stille)
Wir Kinder haben was entdeckt,
drum machen wir Getöse.
(Lärm, wieder Stille)
Die Grauen Herrn gehn um!
Ihr wollt sie nur nicht sehn,
ihr lasst es halt geschehn.
Sie machen sich schon breit.

Sie stehlen euch die Zeit.
Wollt ihr denn euer Leben
wirklich den Dieben geben?
Geht ihr in ihre Falle,
betrogen seid ihr alle!
Die Grauen Herrn gehn um!
Tatata, tam tam.
Warum habt ihr keine Zeit?
Wir Kinder sagen euch Bescheid.
Lasst euch nicht mehr betrügen,
schenkt eure Zeit doch uns, statt den Dieben.
Tatata, tam tam.
(alle marschieren hinaus, von Gigi angeführt)

SPRECHER
Aber niemand von denen, die es angeht,
scheint von dem Zug der Kinder etwas zu bemerken.
Niemand beachtet sie, niemand fragt,
was sie wollen, niemand
nimmt sich die Zeit zu fragen.
Enttäuscht und müde gehn die Kinder
am Abend auseinander.
Alles war umsonst.

Es wird dunkel auf der Bühne. Nacht mit ziehenden Mondlichtflecken, leichtes Windsausen.

SPRECHER
Bei Einbruch der Nacht kommt ein Wind auf
über der Stadt, nicht stark, aber unablässig
und kalt, ein aschengrauer Wind, sozusagen.
Weit draußen erhebt sich ein Gebirge
aus Asche, Scherben und Konservenbüchsen,
Pappschachteln und Matratzen:
Die Müllhalden der großen Stadt.
(einige Versatzstücke, die „Müllhalde" darstellend, erscheinen)
An diesen Abend bis spät in die Nacht
hat Beppo Straßenkehrer Sonderdienst gehabt.

Er war zum Müllabladen eingeteilt.
Schon alt und sowieso nicht
grade von kräftiger Natur, ist er um Mitternacht
auf einer Plastikwanne sitzend eingeschlafen.

*Beppo kommt und setzt sich auf die Plastikwanne. Während er „schläft"
erscheint auf der Höhe des Spielgerüstes, das jetzt die Müllhalde dar-
stellt, ein Richtertisch. Dahinter nehmen einige der Grauen Herren
Platz. Einige andere Graue Herren stellen sich im Vordergrund auf,
den Rücken zum Zuschauer. Auf den Rundhorizont wird ein Heer von
Grauen Herren projiziert, die alle zum Richtertisch schauen.*

SPRECHER
Beppo weiß nicht,
wie lang er so geschlafen hat,
als ihn ein kalter Windstoß weckt.

Sprecher geht ab. Windstoß. Beppo fährt auf und erstarrt.

GRAUER HERR 3
(der am Richtertisch in der Mitte sitzt)
Der Agent BLK 553 c
trete vor das Hochgericht!

*Der Graue Herr 2, derselbe der bei Momo war, tritt auf. Sein Gesicht
ist weiß. Noch hat er, wie alle anderen, Aktentasche und Zigarre. Er
tritt vor den Richtertisch.*

GRAUER HERR 3
Angeklagter, ist Ihnen bekannt
welchen Verbrechens Sie beschuldigt sind?

GRAUER HERR 2
Ich bin unschuldig!
(rasselndes Lachen der Grauen Herren)

GRAUER HERR 3
Lügen Sie uns nicht an!
Sie stehen vor keinem Menschengericht.

Angeklagter, ist Ihnen bekannt,
dass heute eine große Zahl von Kindern
durch die Stadt zog,
um unsere Ziele zu bekämpfen?

GRAUER HERR 2
Es ist mit bekannt.
(rasselndes Geräusch der Versammlung)

GRAUER HERR 3
Ist Ihnen auch bekannt,
dass nichts und niemand unseren Plänen
so gefährlich ist wie Kinder?

GRAUER HERR 2
Es ist mir bekannt.

GRAUER HERR 3
Doch kam mir zu Gehör,
dass einer von uns mit einem Kind sprach,
dem er Geheimnis und Pläne verriet.
Angeklagter, wissen Sie,
wer es war?

GRAUER HERR 2
Ich bin es selbst.

DIE GRAUEN HERREN
Oh!

GRAUER HERR 3
Sie haben somit gegen unser Gesetz
verbrecherisch verstoßen. Warum?

DIE GRAUEN HERREN
Warum?

GRAUER HERR 2
Weil dieses Mädchen Momo
unserer Arbeit in Wege ist.

Es besitzt Kräfte, denen unsereiner
nicht gewachsen ist.
Ich habe in der besten Absicht gehandelt.
(rasselndes Gelächter der anderen)

GRAUER HERR 3
Ihre Absichten, Angeklagter,
interessieren uns nicht.
Uns interessiert allein das Ergebnis.
Und das war in Ihrem Fall kein Zeitgewinn,
sondern Hochverrat!
Bekennen Sie sich schuldig?

GRAUER HERR 2
Ich bin unschuldig!
(rasselndes Gelächter der anderen)

GRAUER HERR 2
(schreit)
Dieses entsetzliche Kind
hörte in mich hinein
und holte die Wahrheit aus mir heraus!
Ich konnte nicht dagegen an!

GRAUER HERR 3
Doch dieses merkwürdige Kind
wird uns nicht noch einmal schaden.
Dafür werden wir sorgen,
und zwar noch diese Nacht.
Genug der Worte. Wir verlieren Zeit.
Angeklagter, schreiten wir nun zum Urteil.

GRAUER HERR 2
(bebend)
Wie lautet es?

GRAUER HERR 3
  *(nachdem er sich mit dem linken und dem rechten Beisitzer verstän-
  digt hat)*
  Von diesem Augenblick an
  der Entzug jeglicher Zeit.

GRAUER HERR 2
  Gnade! Gnade!

*Zwei andere Graue Herren, die inzwischen hinter ihn getreten sind,
entreißen ihm die Aktentasche und die Zigarre. Während sein Geschrei
verhallt, löst er sich in nichts auf.*

GRAUER HERR 3
  Und nun wieder an die Arbeit, meine Herren!

Die Grauen Herren entfernen sich.

BEPPO
  (allein)
  Was war das? Was hab ich gesehn?
  Sie haben von Momo geredet.
  Mein kleines Mädchen wollen sie vernichten!
  Ich muss sie retten! Und gelte es mein Leben!
  Jetzt hilf mir, lieber Gott!
  Ich muss sie retten!
  Momo ist in Gefahr?
  (er eilt ab)

*Beppo eilig ab. Licht auf den Sprecher. Die Dekoration „Müllhalde"
verwandelt sich in die des Amphitheaters.*

SPRECHER
  Manches – so sagten wir zu Beginn des Spiels –
  was man nicht zeigen kann,
  zeigen wir nicht.
  Wir baten euch deshalb:
  Habt Phantasie!
  Jetzt bitten wir euch noch einmal.

Die Darstellerin der Kassiopeia tritt neben den Sprecher.

KASSIOPEIA
Ich stelle nämlich eine Schildkröte dar.
Keine gewöhnliche, wie ihr gleich sehen werdet,
sondern eine sprechende Schildkröte.
Mein Name ist Kassiopeia.
Ich bin nicht alt und nicht jung,
denn ich trage meine eigene Zeit in mir,
die nicht mit der euren vergleichbar ist.
Darum vermag ich,
die Zeit der Menschen gleichsam von außen zu betrachten
in die Zukunft zu sehen, nicht viel,
doch immerhin eine halbe Stunde.
Ich sehe voraus,
aber ich denke nicht nach.

Sie tritt beiseite in die Dunkelheit. Momo kommt und setzt sich auf die Stufen des Spielgerüstes. Licht auf Momo.

SPRECHER
Zur gleichen Stunde,
da Beppo Straßenkehrer Zeuge
des Hochgerichts der Grauen Herren wird,
sitzt Momo auf den Stufen der Ruine
und wartet,
obgleich sie selbst nicht weiß, worauf.
Plötzlich erschrickt sie, als ihr Name gerufen wird.

Der Sprecher geht ab.
Licht auf Kassiopeia.

KASSIOPEIA
(ruft)
Momo!

MOMO
Wer ruft mich? O, wie seltsam! Eine Schildkröte.

KASSIOPEIA

Du wirst mir folgen, Kind.

MOMO

Wer bist du denn?

KASSIOPEIA

Ich heiße Kassiopeia.

MOMO

Kas – si – o – pei – a?
Und was willst du von mir?

KASSIOPEIA

(während sie langsam hinausgeht und Momo ihr folgt)
Komm mit, mein Kind! Komm mit!
Wir gehen Schritt für Schritt.
Weit kommt, wer sich gedulden kann.
Du wirst es bald verstehn:
Man kann sehr langsam gehn
und kommt dabei doch schnell voran.

Sie geht langsam voran. Momo folgt ihr.

SPRECHER

In dieser Nacht durchsuchen
die Grauen Herrn, aufs Höchste alarmiert,
die ganze Stadt.
Kassiopeia aber hat keine Eile.
Sie, die für eine halbe Stunde
vorher weiß, was geschehn wird,
weiß natürlich auch, auf welchen Wegen
sie den Verfolgern nicht begegnen wird.
So führt sie Momo auf verschlungenen Pfaden
zur Niemals-Gasse, wo das Nirgend-Haus steht.
Sie betreten den größten Saal,
den Momo je gesehen hat, voller Uhren
jeglicher Art, unzählige Uhren
und jede Uhr zeigt eine andre Zeit.

Während der Worte des Sprechers verwandelt sich das Amphitheater in den Uhrensaal bei Meister Hora. Goldenes Licht erfüllt die ganze Szene. Momo und Kassiopeia stehen nebeneinander in der Mitte, den Rücken zum Publikum, ganz verzaubert. Das Geräusch unzähliger Uhren ist zu hören. Der Sprecher geht ab. Von hinten tritt Meister Hora auf. Durch ein Zeichen seiner Hand wird das Uhrengeräusch leiser, tritt ganz in den Hintergrund und verstummt zuletzt.

HORA
Willkommen, kleine Momo!
Ich bin Meister Hora.
Ich freue mich, dass du endlich da bist.

MOMO
Hast du mich denn erwartet?

HORA
Gewiss, ich habe dir doch
Kassiopeia geschickt, um dich abzuholen.

KASSIOPEIA
Nicht, dass ich mich rühmen will,
aber wir sind pünktlich – auf die Minute.

HORA
(zieht eine glitzernde Uhr aus der Westentasche und lässt sie aufspringen)
Wahrhaftig, ich muss dich loben!

MOMO
Oh, was für eine seltsame Uhr!

HORA
Sie zeigt die Sternstunden an.
Weißt du, was das ist – eine Sternstunde?

MOMO
(schüttelt den Kopf)

HORA

Es gibt im Leben Augenblicke,
da fügt es sich geheimnisvoll,
dass alle Wesen, alle Kräfte,
bis zu den fernsten Sternen,
zusammenwirken in besonderer Weise.
Dann kann geschehn, was niemals sonst geschieht.
Die Menschen achten nicht auf solche Stunden,
so gehen sie oft unbemerkt vorüber.
Doch wenn es einen gibt, der sie erkennt,
geschehen große Dinge auf der Welt.
Und eben jetzt – hat eine angefangen.
(er steckt die Uhr wieder ein)

MOMO

Warum hast du mich holen lassen?

HORA

Um vor den Grauen Herren dich zu schützen.
Nur hier bist du vor ihnen sicher.
Hierher kann keiner kommen,
selbst wenn den Weg sie wüssten,
doch wissen sie ihn nicht.

KASSIOPEIA

Den weiß nur ich – die alte Kassiopeia.

MOMO

Die Grauen Herrn – warum sehn sie so grau aus?

HORA

Weil sie von etwas Totem
ihr Dasein fristen. Alle Zeit,
die sie den Menschen stehlen, stirbt,
wenn sie dem wahren Eigentümer
entrissen wird. Denn jeder Mensch
hat seine Zeit – und nur solang
sie ganz die seine ist, bleibt sie lebendig.

MOMO
  Dann sind sie also – keine Menschen?

HORA
  Nein, Kind, sie haben
  nur menschliche Gestalt als Larve angenommen.
  Und ließen sich die Menschen nicht so willig
  berauben, müssten sie zurück ins Nichts,
  aus dem sie aufgestiegen sind.

KASSIOPEIA
  Du schickst den Menschen ihre Zeit,
  zu leben auf der Welt,
  und duldest, dass diese Kostbarkeit
  den Grauen Herrn verfällt?

HORA
  Ich teile jedem Menschen die Zeit zu,
  die Zeit, die ihm vorbestimmt ist,
  wozu er sie verwendet,
  liegt nur bei ihm allein.
  Er muss sie auch verteidigen,
  denn er ist frei.

MOMO
  Du bist es,
  der jedem Menschen seine Zeit zuteilt?
  Bist du der Tod?

HORA
  Du wirst es einmal wissen, liebes Kind.
  Jetzt bin ich Meister Hora.

MOMO
  Hast du dazu die vielen Uhren?
  Für jeden Menschen eine?
  Und welche ist meine?

HORA

All diese Uhren,
sie sind nur unvollkommene Nachgebilde
von Wunderbarsten, das im Menschen lebt:
So wie ihr Augen habt, das Licht zu schauen,
und Ohren, die das Reich der Klänge hören,
so habt ihr auch ein Herz,
das euch der Zeit Geheimnis offenbart.
Doch ach, es gibt auch Herzen, die nichts fühlen!
Für sie ist jede Stunde so verloren
wie eines Vogels Lied für einen Tauben,
des Regenbogens Farben für den Blinden.
Sie leben nicht,
obgleich sie schlagen.

MOMO

Und können nie mehr gesund werden?

HORA

Ich will dich etwas fragen.
Und viel hängt davon ab, mein kleiner Gast,
ob du die Antwort weißt.
Bist du bereit?
So sage mir:
Was ist die Zeit?

MOMO

Die Zeit? Die Zeit?
Sie geht vorüber und bleibt doch da,
sie kommt von weit und ist ganz nah.
Man kann sie nicht berühren
und doch kann man sie spüren,
und keine irdischen Gewalten
sind stark genug, sie festzuhalten.
Wenn ich ganz still bin, über mir die Sterne,
dann fühl' ich manchmal mich ganz leise
emporgehoben
und hör' auf wunderbare Weise

Musik von oben.
So wie der Wind von ferne säuselt
und Wellen auf dem Wasser kräuselt,
so fühlt mein Herz der Zeiten Lauf
und klingt in meinem Innern auf.

HORA UND KASSIOPEIA
Du sollst sie schauen, die Zeit.
Das Wunder lebendiger Stunden.

Die Dekoration „Uhrensaal" weicht nach links und rechts auseinander. Erste Phase der Sternenmusik, dazu Projektion auf den Rundhorizont: Nach und nach entstehen Blütenformen aus farbigem Licht wie auf einem großen Zifferblatt, die erste an Stelle der 12, die zweite an Stelle der 6, die dritte an Stelle der 3, die vierte an Stelle der 9 usf., bis zwölf Blüten in einem Kreis stehen. Kassiopeia hat sich unbemerkt entfernt.

HORA
Jede dieser Blüten
ist eine Stunde deines Lebens,
und keine ist der anderen gleich.

Zweite Phase der Sternenmusik, dazu Projektion: Zu dem ersten Kreis aus Blütenformen gesellen sich immer weitere Kreise, immer kleinere nach innen, wo sie wie in einem strahlenden Zentrum zusammenlaufen, immer größere nach außen, bis die ganze Projektionsfläche erfüllt ist.

HORA
Dies klingende Licht
sind die Stimmen der Sterne,
der Sonne, des Mondes.
Sie alle wirken zusammen
im Werden und Vergehen
einer jeglichen Stunde.

Dritte Phase der Sternenmusik. Nun beginnen alle Kreise sich jeweils im einander entgegengesetzten Sinne langsam zu drehen. Gleichzeitig dehnen sich die Kreise und verschwinden, größer werdend, nach außen, während aus dem strahlenden Zentrum ständig neue Kreise entstehen.

HORA
    All diese Stimmen
    reden zu dir!
    Das ganze Weltall
    bis hinauf zu den fernsten Sternen
    ist dir zugewandt wie ein einziges
    großes Antlitz,
    das dich anblickt
    und zu dir redet!

Die Sternenmusik wird mächtiger und mächtiger, bis Momo zu Meister Hora flieht und ihr Gesicht an seiner Brust verbirgt. Er legt sanft und schützend den Arm um sie.

VORHANG

ZWEITER TEIL

Das Amphitheater. Morgendämmerung. Momo liegt schlafend auf den Stufen. Kassiopeia sitzt mitten im Rund auf dem Boden. Der Sprecher tritt auf, geht zu Momo, beugt sich über sie.

SPRECHER
   Sie schläft noch
   Wenn sie erwacht, wird für sie
   nur eine Nacht vergangen sein,
   eine Nacht voller Wunder und Offenbarung.
   Aber schon bald wird sie erkennen müssen,
   dass sie sehr lange fort war.

MOMO
   (erwachend)
   Noch immer sehe ich die Farbenpracht
   der Stundenblumen vor mir,
   lebendig und leuchtend wie heute Nacht.
   Noch immer höre ich nah und fern
   die Stimmen von Sonne und Mond,
   das Klingen aus jedem funkelnden Stern.
   Meister Hora!
   Du willst, dass den Menschen ich singen soll,
   was die Sterne singen in mir?
   Von den Stundenblumen, dem Wunder der Zeit?
   Ich fühle, du willst es! Die Botschaft ist da.
   Oder – war alles nicht Wirklichkeit?
   War nur Traum, was ich hörte und sah?
   (sie blickt verwundert umher)
   Warum bin ich wieder hier?
   (sie erblickt die Schildkröte)
   Kassiopeia! – Du bist bei mir!
   (besorgt)
   Warum sagst du nichts?

KASSIOPEIA
   Ich denke nach.

MOMO
Ich will dich nicht stören, sag mir nur:
Wie kam ich her?

KASSIOPEIA
Dein Wunsch!

MOMO
Wie seltsam, ich kann mich nicht erinnern.
Doch du?

KASSIOPEIA
Ich lass dich nicht allein.

MOMO
Das wusste ich. Doch einsam bin ich nie.
Den Freunden alles zu berichten,
die Stimmen ihnen vorzusingen
von Sonne, Mond und Sternen –
kaum kann ich es erwarten.

KASSIOPEIA
Mein Kind, du wirst wohl warten lernen.

Momo wartet. In den folgenden Szenen wird es dunkel um sie, aber sie bleibt die ganze Zeit über schwach sichtbar.

SPRECHER
Viel ist geschehen,
seit Momo in jener Nacht verschwand:
Die Grauen Herren erkannten bald,
dass eine fremde Macht das Kind vor ihnen
gerettet hatte – und auch: Wer es tat.
Zu Meister Hora also hatte Momo
den Weg gefunden, das war ihnen klar,
den Weg, den sie schon lang vergeblich suchten.
Zunächst jedoch war dazu nötig, Momo
all ihrer Freunde zu berauben.

Am leichtesten gelang es ihnen,
den armen Gigi ihren Plänen anzupassen.
Sie machten ihn berühmt – auf ihre Art –
und schon nach ein paar Monaten
galt Gigi als der neue Star.

*Gigi, in der Mitte der Bühne, von Scheinwerferlicht grell beleuchtet,
singt den Refrain eines seiner gängigen Erfolgslieder.*

GIGI
Hitch-hike Baby, lass dich bitten
komm in meinen Klasseschlitten.
Ob du Jeans trägst, oder keine,
deine Beine, meine Kleine,
sind für mich der große Hit,
drum steig ein, ich nehm dich mit.

Das Bild verblasst und verschwindet.

SPRECHER
Vom alten Gigi war nur wenig übrig,
doch eines Tages raffte er dies Wenige
zusammen und beschloss, seinen Ruhm zu nutzen,
um die ganze Wahrheit über Momo
und die Grauen Herren zu erzählen.

*Auf einem Schreibtisch vor Gigi klingelt ein goldenes Telefon. Gigi
hebt den Hörer ab und erstarrt vor Entsetzen. Gleichzeitig erscheint
auf der Rückwand der Bühne der riesige Schatten eines Grauen Herren, ebenfalls telefonierend. Die Stimme desselben über Lautsprecher.*

STIMME
Lass das sein! Wir raten dir im Guten.

GIGI
Wer ist da? Hallo! Wer spricht?

STIMME

Vorstell'n brauchen wir uns nicht.
Auch wenn der Herr noch nicht geruhten,
uns persönlich zu empfangen.
Du gehörst uns schon seit Langem
ganz mit Haut und Haar und Hut.
Na, das weißt du selbst ganz gut.

GIGI

Was – was wollt ihr denn von mir?

STIMME

Wir wollen nichts. Wir raten dir.
Was du da tun willst, ist nicht fein,
drum sei brav und lass es sein!

GIGI

(mit Anstrengung)
Nein! Ihr schüchtert mich nicht ein.
(unruhig)
Sagt mir lieber – wo ist Momo?

STIMME

Wirst sie nicht lebendig machen.
Tot und aus und Schwamm drüber.

GIGI

Nein, das kann ich niemals glauben.
Momo tot? Ich werd' sie suchen.

STIMME

Denk an deine Zukunft lieber!
Schau, du ruinierst dich bloß.
Wenn es dir nicht mehr gefällt,
so berühmt zu sein und reich,
sag es nur! Wir ändern's gleich.

GIGI

(knickt zusammen)
Nein, ich blieb' es gerne noch …

STIMME
Brav, mein Kleiner! Bleib es doch!
Kostet dich doch gar nicht viel,
nur – lass uns schön aus dem Spiel!
Bring die Leute hübsch zum Lachen
und zum Weinen wie bisher!

GIGI
(zerstört)
Nun – ich muss wohl weitermachen …

Es klickt. Der Schatten verschwindet. Gigi lässt den Hörer fallen, legt
sein Gesicht auf die Arme, ein lautloses Schluchzen schüttelt ihn.

SPRECHER
Und Gigi befolgte den Rat des Grauen Herrn.
Er machte „weiter wie bisher".
Von diesem Tag an hatte er alle Selbstachtung verloren.
Er wusste nun, dass er alle seine Erfolge
den Grauen Herren zu verdanken hatte,
und begann zu hassen, was er tat.
So war aus dem Träumer Gigi
der Lügner Girolamo geworden.
(der Schreibtisch mit Gigi verschwindet)
Viel schwerer war es für die Grauen Herrn,
den alten Beppo loszureißen.
Nach jener Nacht auf der Müllhalde
beschloss er in seiner Angst
die Polizei um Hilfe zu bitten.

Ein Tisch voller Formulare, mit einem Polizisten dahinter und Beppo
davor, rollt herein.

POLIZIST
(ironisch)
Also mit anderen Worten: Da war einmal ein
höchst unwahrscheinliches Kind namens Momo, dessen
Existenz Sie nicht beweisen können. Besagtes Kind
wurde von so einer Art Gespenster, die es ja bekanntlich

nicht gibt, man weiß nicht warum, wozu und wohin, *entführt*. Aber nicht einmal das ist sicher.
Und darum soll sich nun die Polizei kümmern?

BEPPO
 Ja, bitte.

DUETT

BEPPO
 Ich vertrau' auf Ihr Erbarmen,
 weil die Polizei den Armen
 doch ein Freund und Helfer ist.

POLIZIST
 Will der Kerl sich lustig machen?
 Was erzählt er da für Sachen?
 Ist das Einfalt oder List?

POLIZIST
 Nun sagen Sie mir erst mal
 wie Sie selber heißen.

BEPPO
 Beppo.

POLIZIST
 Beppo – und wie weiter?

BEPPO
 Beppo Straßenkehrer.

POLIZIST
 Den Namen will ich wissen, nicht den Beruf.

BEPPO
 Es ist beides.

POLIZIST
(vergräbt das Gesicht in den Händen)
Gott im Himmel,
warum muss gerade *ich* heute Dienst haben.
Ist dieses Kind – Ihr Kind?

BEPPO
Nein – das heißt, ja. Aber der Vater bin ich nicht.

POLIZIST
„Nein, das heißt, ja"! Wer sind denn seine Eltern?

BEPPO
(geheimnisvoll)
Das weiß niemand.

POLIZIST
Bei wem wohnt das Kind?

BEPPO
Bei sich.

POLIZIST
Hauchen Sie mich mal an!

BEPPO
(haucht gehorsam)

POLIZIST
Betrunken sind Sie nicht.

BEPPO
(verlegen)
Bin ich noch nie gewesen.

POLIZIST
Also, wozu erzählen Sie mir den ganzen Unsinn?

DUETT

BEPPO

Ich vertrau' auf Ihr Erbarmen,
weil die Polizei den Armen
doch ein Freund und Helfer ist.

POLIZIST

Will der Kerl sich lustig machen?
Was erzählt er da für Sachen?
Ist das Einfalt oder List?

POLIZIST

Halten Sie die Polizei für so blöd,
dass sie auf solche Ammenmärchen hereinfällt?

BEPPO

(arglos)
Ja!

POLIZIST

(haut mit der Faust auf den Tisch)
Jetzt reicht mir's aber!
Verschwinden Sie auf der Stelle!

BEPPO

Verzeihung, ich wollte sagen …

POLIZIST

Raus!!!

Der Tisch mit den Formularen, den Polizisten und Beppo gleitet hinaus.

SPRECHER

Eines Tages geriet Beppo an einen höheren Beamten,
der ihn festnehmen und in ein Krankenhaus für Nervenleiden
einliefern ließ. Man hatte ihm ein Bett in einem großen
Schlafsaal angewiesen, wo viele andere Patienten schliefen.

(das Bett, in welchen Beppo, bleich und abgemagert, liegt, kommt von der linken Bühnenseite herein)
Viele Monde waren schon so vergangen,
da erwachte Beppo eines Nachts von einer seltsamen Kälte.
(Ein Grauer Herr mit Hut, Aktentasche und Zigarre, die man im Dunkeln glimmen sieht, tritt hinter das Bett. Zu den Sätzen des Sprechers die entsprechenden Bewegungen.)
Beppo erschrak und wollte um Hilfe rufen,
der Graue Herr bedeutete ihm jedoch zu schweigen
und erklärt ihm, er habe den Auftrag,
ihm ein Angebot zu machen.
Unter zwei Bedingungen sei man bereit, ihm Momo,
die in ihrer Gewalt sei, zurückzugeben.
Erstens: dass er ab sofort sie und ihre Tätigkeit
mit keinem Wort erwähne.
Zweitens forderte man von ihm, sozusagen als Lösegeld,
die Summe von hunderttausend Stunden
eingesparter Zeit.

GRAUER HERR 3
Sind Sie damit einverstanden,
sorgen wir ab sofort dafür,
dass Sie hier entlassen werden.
Wenn nicht –
bleiben Sie für immer hier,
und Momo bleibt bei uns.
Überlegen Sie es gut!
Dieses noble Angebot
wird nicht noch mal wiederholt.
Also?

BEPPO
(schluckt und krächzt)
Einverstanden.

Der Graue Herr nickt und verschwindet. Das Bett mit Beppo gleitet hinaus.

SPRECHER
Von dieser Nacht an
erzählte der alte Beppo seine Geschichte nicht mehr.
Wenige Tage später schon ließ man ihn gehen.
Und Beppo nahm seinen Besen und ging in die Stadt
und begann zu kehren.
(Beppo kommt kehrend über die Bühne)
Aber er kehrte nicht mehr wie früher:
Ein Besenstrich, ein Atemzug, ein Schritt voran.
Jetzt kehrte er hastig und ohne
Liebe zur Sache,
die einzige Art, Zeit zu sparen,
die Beppo kannte.
Es kam der Herbst und es kam der Winter.
Beppo kehrte.
Die Leute bemerkten ihn kaum.
Nur manchmal fragte ihn einer:
„He, Alter, warum so eilig?"
(Beppo wendet sich den Sprecher zu, blickt ihn traurig und erschöpft an und legt den Finger an die Lippen. Dann entfernt er sich kehrend, klein, grau und geduldig.)
In seine Hütte beim Amphitheater
kehrte er nicht mehr zurück.
Seither lag die Ruine
leer und verlassen. Die Pläne
der Grauen Herren sind ausgeführt.
Alles ist vorbereitet
zu Momos Rückkehr.

Licht auf Momo und Kassiopeia.

MOMO
Warum ist niemand gekommen
Den ganzen langen Tag?
Hat keiner mein Rufen vernommen?
Ach, Kassiopeia, sag?

KASSIOPEIA

Es wird auch keiner mehr kommen
zu dir an diesen Ort.
Die Freunde, sie sind dir genommen,
sind alle lange fort.

MOMO

Wie kann das sein? Was sagst du da zu mir?
Erst gestern waren doch noch alle hier!

KASSIOPEIA

Erst gestern? Kind, auch du warst lang nicht hier.
Aus längst vergangenen Welten gingen wir.

MOMO

Was für ein Wort!
Lang war ich fort?
Wie lang denn, sag?

KASSIOPEIA

Seit Jahr und Tag.

MOMO

Seit Jahr und Tag …

BEIDE

Ist alles vergangen, vergangen so bald,
vergangen und ist nicht mehr.
Nun lern ich (lernst du) die Zeit und ihre Gewalt,
die macht das Herz mir (dir) schwer.
Ach, ihr Geheimnis zu lehren,
gab Meister Hora mir kund (dir kund).
Niemand wird mich (dich) mehr hören
als die alten Steine in Rund.

Es wird dunkel, Licht auf den Sprecher.

SPRECHER

An nächsten Morgen macht Momo,
von der Schildkröte begleitet, sich auf die Suche

nach ihren alten Freunden.
Zuerst geht sie zu Ninos kleiner Trattoria,
oder vielmehr – dorthin, wo diese früher war.

Es erscheint als Projektion auf dem Hintergrund oder als Schrifttafel
von oben in bunter Neonschrift

RECREATIONS-CENTER
(Nino CON Fusi)

Über der Szene kann eine große Uhr schweben, zu welcher die Darsteller immer wieder demütig und angstvoll aufblicken.
Von der Seite wird geräuschvoll ein Wagen mit einem Karussell hereingeschoben, auf dem sich 4 nickelglänzende Zahnarztstühle drehen. Fusi, Nino und Liliana betätigen sich fieberhaft und spannen im Halbkreis ein Seil in der Art einer Barriere, hinter der sich eine größere Anzahl männlicher Kunden ungeduldig drängen. Seitlich vorn eine Registrierkasse, die Nino später bedient.

CHOR DER WARTENDEN
   (währenddessen 6 Kunden durch eine Öffnung des Seiles gelassen,
   auf die Sitze geführt, festgeschnallt und mit einer Art Frisiermantel
   bedeckt werden)
   Schneller, Tempo, Tempo, schneller!
   Ihr vergeudet unsre Zeit!
   Das ist ein Recreations-Center,
   schlaft nicht ein vor Müdigkeit.
   Seid ihr denn von gestern, Leute?
   Schneller, Tempo, Tempo! Schnell!
   Immer rasender dreht heute
   sich das Fortschritts-Karussell.
   Tempo! Tempo! Tempo!
   (die Karussellglocke ertönt)
   (aufatmend)
   Endlich, endlich ist's so weit.

Das Karussell beginnt sich zu drehen.

Anmerkung für die Regie: Die folgende Grotesk-Szene soll zwar durchaus eine Clown-Nummer sein, doch ist dabei unbedingt darauf zu achten, dass die Komik trotz allem nicht harmlos – lustig – wirkt, sondern beklemmend.

PANTOMIME

FUSI

(Seift die Vorüberfahrenden ein – elegant und gewandt, den Seifenschaum auf den Boden klatschend. Dann rasiert er sie mit der Blitzgeschwindigkeit eines Figaro.)

LILIANA

(Kommt mit einer Baumspritze auf dem Rücken. Auf dem Behälter steht in großen Lettern „Suppe", die sie in die geöffneten Münder einspritzt.)

NINO

(Eilt mit einem großen Topf herbei, aus dem er jedem Kunden Spaghetti in den Mund stopft. Zwischen den Sechsen entstehen Nudelgirlanden, die FUSI mit einer Schere abschneidet.)

FUSI

(Klatscht jedem Gast Erfrischungstücher auf das Gesicht.)

LILIANA

(Kommt mit einem größeren Tablett voller Kaffeetässchen. Jeder Kunde grapscht sich eine mit Zuckerstückchen, die er hineinrührt, trinkt sie aus, kippt sie und wirft sie samt Untertasse über die Schulter.)

FUSI

(Stülpt jedem Gast eine Perücke über den Kopf, je nach Typ verschieden, und kämmt sie. Das Karussell dreht sich immer schneller und hält schließlich an. Die Kunden werden abgeschnallt und treten taumelnd zur Kasse, hinter der Nino sitzt und im Rhythmus der Musik tippt. Währenddessen ist Momo, gefolgt von Kassiopeia aufgetreten. Sie blickt fassungslos umher und geht dann auf die mit Aufräumen beschäftigten Liliana und Fusi zu, denen sie im Wege steht und die sie hin und her schubsen.)

MOMO
Ach, verzeiht, ich will nicht stören,
möchte gar zu gerne hören,
wo ist Beppo Straßenkehr?

FUSI
Der rennt in der Stadt umher.

LILIANA
Er kommt nicht mehr nach Hause.

FUSI
Und kehrt jetzt ohne Pause.

BEIDE
Einen Tick hat er schon immer gehabt,
jetzt ist er völlig übergeschnappt.
(spöttisch)
Oh! Oh! Oh!

MOMO
Armer Beppo, armer Beppo!
Und Gigi? Wo ist der?

FUSI
Der zeigt sich gar nicht mehr.

LILIANA
Ein Star ist er, berühmt und reich.

FUSI
Wir Freunde sind ihm gleich.

LILIANA
Im Fernsehn singt er Lieder,
dein Gigi kommt nicht wieder.

BEIDE
Einen Größenwahn hat er immer gehabt,
jetzt ist er völlig übergeschnappt.

(wie vorher)
Oh! Oh! Oh!

MOMO
Armer Gigi! Armer Gigi!

Die Karussellglocke ertönt. 4 neue Kunden werden hereingelassen und zu den Sitzen geführt. Es beginnt wieder:
Fusi seift die Kunden ein.
Liliana spritzt die Suppe dem 1. Gast in den geöffneten Mund.
Plötzlich stockt das Karussell, wird langsamer und bleibt schließlich stehen. Alle auf der Bühne Befindlichen (außer Momo und Kassiopeia) stehen ebenfalls unbeweglich.
Währenddessen geht Momo zur Seite und wendet sich zu Kassiopeia.

MOMO
Was soll ich tun, Kassiopeia?

KASSIOPEIA
Leb wohl.

MOMO
(erschrocken)
Was hast du vor?
Willst du mich verlassen?

KASSIOPEIA
Ach nein, ich geh dich suchen, Kind.

MOMO
Ich bin doch hier. Ich kann dich nicht verstehn.

KASSIOPEIA
Ich weiß es vorher. Du wirst schon sehn.

In diesem Augenblick stürmt Gigi herein. Er ist übertrieben elegant angekleidet und übertrieben laut. Das Folgende sprudelt er so schnell hervor, dass Momo kein Wort erwidern kann. Kassiopeia entfernt sich unbemerkt.

GIGI

Momo! So ein Zufall! Welche Freude!
Endlich find ich dich!
Bist du's wirklich, ganz leibhaftig
bist du wieder da.
Ich muss dir so viel erzählen.
Was ist auch geschehen seit Langem!
Wo hast du nur gesteckt?
Wie hab ich dich gesucht!
Ach Momo, wie hast du mir gefehlt!

CHOR

(dazwischen)
Weiter! Tempo! Tempo! Weiter!

GIGI

Komm mit! Komm mit!
Hab' keine Zeit.
(Er zieht sie hinter sich her hinaus. Das Karussell setzt sich wieder in Bewegung.)

CHOR

(gesteigert)
Schneller! Tempo! Schneller! Tempo!
Ihr vergeudet unsre Zeit.
Das ist ein Recreations-Center,
schlaft nicht ein vor Müdigkeit.
Seid ihr denn von gestern, Leute?
Schneller, Tempo, Tempo, schnell!
Immer rasender dreht heute
sich das Fortschritts-Karussell.
Tempo! Tempo! Tempo!

Die Wartenden durchbrechen die Barrieren, schwingen sich teilweise auf das sich ordnungsgemäß und immer schneller drehende Karussell. Licht- und Projektionseffekte. Auf dem Höhepunkt plötzlich Abriss und Dunkelheit.
Licht auf dem Schminktisch in Gigis Theatergarderobe. Gigi, jetzt in einem seidenen Garderobenmantel, sitzt und starrt trübsinnig sein

Spiegelbild an, ein Schnapsglas in der Hand. Momo steht neben ihm.
Man hört Applaus und Johlen und Pfiffe einer großen Zuschauer-
menge hinter der Bühne. Über Lautsprecher kommt die Stimme des
Grauen Herrn aus dem Telefongespräch wie eine Inspizientenstimme.

STIMME
Herr Girolamo, zum Auftritt bitte!
Herr Girolamo, zum Auftritt!

GIGI
(schreit)
Ja! Ich komme gleich!
(er trinkt das Glas leer, wendet sich zu Momo)
Nun weißt du also alles über mich.
Das Einzige, was mir jetzt noch bliebe,
wär': Den Mund zu halten, nicht mehr singen,
verstummen, bis man mich vergessen hat
und bis ich wieder
der unbekannte arme Teufel bin wie einst.

STIMME
Girolamo zum Auftritt! Girolamo zum Auftritt!

GIGI
(will gehen, wendet sich plötzlich zu Momo, fasst sie bei den Hän-
den, flehend)
Bleib' bei mir, Momo!
Ich nehm dich mit auf meine Reisen,
ich zeige dir die ganze Welt.
Du kannst dir wünschen, was du willst.
Kannst alles haben, was du brauchst.
Nur immer bei mir sollst du sein
und mir zuhören wie damals,
vielleicht, dass ich dann wieder
wirkliche Lieder singen kann.
Du brauchst nur Ja zu sagen –
schimmere, schimmere, kleiner Stern.

MOMO
(*blickt ihn voll Trauer an und schüttelt den Kopf*)

GIGI
(*versteht und nickt, verzerrt lächelnd*)

STIMME
Girolamo!

GIGI
(*leise*)
Ich komme.
(*Er eilt hinaus. Das Johlen und der Applaus schwellen an und verstummen.*)

MOMO
Armer Gigi!

Es wird dunkel, die Szene verschwindet. Licht auf den Sprecher.

SPRECHER
Ja, nun ist Momo
zum ersten Male ganz allein.
Sie läuft durch die Strafen der großen Stadt
auf der Suche nach dem letzten Freund,
der ihr nun noch verblieben ist,
nach Beppo Straßenkehrer.
Ziellos irrt sie umher –
sie findet ihn nicht.
Aus den Wochen werden Monate,
und immer ist Momo allein.
Niemand ist da, dem sie sagen kann,
was in ihr wächst und wächst und sie zerreißen will.
Denn das ist es, was Momo nun lernen muss:
Es gibt Reichtümer, an denen man stirbt,
wenn man sie nicht mit anderen teilen kann.

Der Sprecher geht ab. Licht auf Momo, die in der Mitte der Bühne auf dem Boden kauert. Es ist Nacht. Den Hintergrund bilden die schwarzen Silhouetten hoher Häuser. Projektion.

MOMO
Was ich einst empfangen habe,
Glück und Freude dazumal,
ach, die wunderbare Gabe
ist mir nur noch Schmerz und Qual!
Und sie will mich fast erdrücken.
Keinen Ausweg finde ich!
Und ein Alb will mich ersticken.
Niemand hört und findet mich!
Meister Hora! Meister Hora!
Hilf mir! Hilf mir! Rette du!
Hör' mich rufen, Meister Hora!
Teil' mir keine Zeit mehr zu!

Deine Gabe, nimm sie wieder!
Sieh, für mich ist sie zu groß.
Ihre Last, sie drückt mich nieder,
ihre Kraft zerstört mich bloß.

Niemand kann sie mit mir teilen,
niemand mehr – ich bin allein.
Warum muss ich hier noch weilen?
Meister, lass mich bei dir sein!

Aus der Dunkelheit lösen sich allenthalben die Gestalten vieler Grauer Herren. Von allen Seiten kommen sie langsam auf Momo zu und bilden einen Kreis um sie. Sie tragen Blendlampen, mit denen sie sie anstrahlen. Die drei Sprechenden stehen so verteilt, dass Momo sich fortwährend drehen muss.

ALLE DREI
(spöttisch)
Arme kleine Momo!

GRAUER HERR 2
  (schmeichelnd)
  Du bist allein, weißt nicht wohin,
  wir wollen dir jetzt helfen.

GRAUER HERR 1
  Du siehst, wir sind viel mächtiger
  und klüger als dein Freund Hora.

GRAUER HERR 2
  Du warst doch bei ihm?

MOMO
  (nickt)

GRAUER HERR 3
  Und kennst sein Geheimnis?

MOMO
  (nickt)

GRAUER HERR 1
  Weißt auch, wo er wohnt?

MOMO
  (nickt)

GRAUER HERR 2
  Hast den Weg zu ihm gefunden?

MOMO
  (nickt)

GRAUER HERR 3
  Wir suchen diesen Weg.

GRAUER HERR 2
  Führe uns zu ihm!

MOMO
(frierend)
Was wollt ihr von ihm?

GRAUER HERR 3
Ihm wird kein Haar gekrümmt.
Wir wollen unser Recht – was uns gehört.

ALLE GRAUEN HERREN
Uns gehört die Macht der Welt,
wir wollen alle Zeit der Menschen!

MOMO
Alle Zeit der Menschen?
Was wird aus ihnen?

GRAUER HERR 1
(schrill)
Menschen sind jetzt überflüssig,
haben selber schuld daran,
dass kein Platz mehr für sie ist.

ALLE GRAUEN HERREN
Uns gehört die Zeit!
Führe uns zu Hora!

MOMO
(schüttelt, halb bewusstlos schon, den Kopf)

GRAUER HERR 1
Du willst nicht?

MOMO
Ich kann nicht.
Und wenn ich es auch könnte,
ich würde es nicht tun.
Doch niemand weiß den Weg
als Kassiopeia.

ALLE GRAUEN HERREN
Wer ist das? Wer ist das? Wer ist das?

MOMO
Meister Horas Schildkröte ...

ALLE GRAUEN HERREN
Wo ist sie? Wo ist sie? Wo ist sie?

MOMO
(kaum noch bei sich)
Ich weiß es nicht.
Ich habe – sie – verloren ...

ALLE GRAUEN HERREN
(aufgeregt durcheinander)
Wir müssen sie finden!
Sie muss uns führen!
Wir stöbern sie auf,
wo immer sie sein mag!
Jede Straße, jedes Viertel
wird durchsucht,
wird durchkämmt.
An die Arbeit!
(alle Grauen Herren eilig ab)

MOMO
(sinkt nieder)
Was hab ich getan? Hab sie verraten!

KASSIOPEIA
(tritt auf)
Momo!
Ich wusste es vorher,
dass ich dich wiederfinde.

MOMO
Kassiopeia!
Versteck dich! Flieh!
Die Grauen Herren suchen dich.

KASSIOPEIA
  Lass sie nur suchen! Sie finden mich nie.
  Wir gehn zu Meister Hora. Komm!

MOMO
  Werden wir nicht in ihre Hände fallen?!

KASSIOPEIA
  Ich weiß es vorher und du wirst sehn:
  Wir begegnen keinem von allen!
  (beide ab)

SPRECHER
  (tritt auf)
  Kassiopeia, die niemals irrt,
  hat auch diesmal richtig vorhergesehen:
  Sie begegnen keinem der Verfolger.
  Doch weiß sie nicht den Grund.
  Die Grauen Herren nämlich
  haben alles belauscht.
  Sie geben den Fliehenden den Weg frei,
  doch eine immer größer werdende Schar
  folgt heimlich und lautlos
  ihren beiden ahnungslosen Führern
  und findet so den lang gesuchten Weg
  zur Niemals-Gasse und zum Nirgend-Haus.
  (er geht ab)

Uhrensaal bei Meister Hora. Hora, Momo und Kassiopeia spähen nach draußen. Von dort hört man Stimmengemurmel.
Projektion: Im Hintergrund sieht man eine langsam wachsende Mauer aus finsteren Rauchschwaden.

KASSIOPEIA
  Sie schließen uns ein.
  Sie belagern das Haus.

HORA
  Sie wollen uns zwingen, uns zu ergeben.

MOMO

Eine Mauer aus Rauch!
Sie wächst und wächst!

HORA

Und ist doch nichts als tote Zeit.

MOMO

Als – tote Zeit?

HORA

Aus den lichten Blütenblättern
der geraubten Stundenblumen
drehen sie sich die Zigarren.
Und indem sie diese rauchen,
morden sie die Zeit der Menschen.
Von dem Qualm der toten Stunden
fristen sie ihr eig'nes Dasein.
Hat sich erst die dunkle Mauer
um das Nirgend-Haus geschlossen,
mischt in jede Lebensstunde,
die ich zu den Menschen sende,
sich ein Hauch von der Verwesung
abgestorb'ner toter Zeit.
Wenn die Menschen die empfangen,
dann befällt sie eine Krankheit,
schrecklicher, als du es ahnst:
Langsam, schleichend, ohne Rettung
wird die Seele wüst und leer.
Keinen Zorn mehr, kein Begeistern,
Freude nicht und nicht mehr Trauer,
kannst nicht lachen und nicht weinen
und hast nichts und niemand lieb.
Die Krankheit heißt: tödliche Langeweile.

MOMO

Gibt's keine Rettung?

HORA

Eine gibt es, eine einz'ge.
Nur ein Menschenkind wie du
kann sie vollbringen.

KASSIOPEIA

Nicht Momo, Herr.
Zu groß ist die Gefahr.

HORA

(zu Momo)
So wisse denn: Die Welt ist alt,
ich bin alt wie sie.
Durch mich strömt der Zeit Gewalt,
darum schlaf' ich nie.
Schliefe ich nur einmal ein,
endete die Zeit.
Reglos wär' die Welt wie Stein
bis in Ewigkeit.
Auch die Schar der Grauen dort
könnte sich nicht mehr bereichern.
Doch an sehr geheimem Ort
halten sie in großen Speichern
all die schon geraubten Stunden,
die Minuten und Sekunden,
hinter dicken Kellermauern
eingefroren und gefangen.
Davon könnten sie des Langen
unbeschadet überdauern.

MOMO

(lebhaft)
Was kann ich für dich vollbringen?
Alles, alles will ich tun.

HORA

Eine Stunde werd' ich schlafen,
stille steht sodann die Zeit.
Du musst zu den Grauen schleichen

ihnen vorsichtig entreißen,
was sie diebisch sich geholt.
Bist du bereit?

MOMO
(nickt)

Drei tiefe Uhrenschläge.

HORA
Hörst du die Uhr?
Nur eine Stunde bleibt für deine Tat.
Misslingt sie – ist es vorbei:
Die Zeit steht still
und alles Leben ist erloschen.
Gelingt sie – werde ich erwachen,
die Menschen sind erlöst, befreit
und neues Leben blüht dann auf.

MOMO
Nur eine Stunde, sagst du?
Wie bang wird mir.

HORA
Willst du verzagen?
Willst du es wagen?

Pause.

KASSIOPEIA
Momo, mein Kind – ich geh' mit dir.

TERZETT

MOMO
Nicht ganz allein
muss ich den Kampf bestehen.
Bist du auch klein
und kannst nur langsam gehen,
du bist mir gut

und bleibst mir immer nah!
Das macht mir Mut.
Ich will es wagen: Ja!

HORA
Nicht wie du meinst
musst du's allein vollbringen.
Du hörtest einst
der Sterne Stimmen singen.
Vergiss es nie,
dass du sie selber sangst.
Dich schützen sie,
darum: Sei ohne Angst!

KASSIOPEIA
Nicht ganz allein
lass ich das Mädchen gehen.
Sie ist zu klein,
um alles zu verstehen.
Es ist wohl gut,
dass ich ihr immer nah.
Ich mach ihr Mut
und teile die Gefahr!

HORA
(Macht eine magische Gebärde. Auf dem Hintergrund projiziert erscheint eine große, herrliche Stundenblume. Gleichzeitig gibt Hora Momo eine stilisierte Blume in die Hand.)

MOMO
O Blume! Lebendiges Licht!
Schön, wie ich keine noch sah!

HORA
Halt sie fest in deiner Hand.
In ihrem Kelch bin ich dir nah.

MOMO
Du willst schon fort?

HORA
    Es ist Zeit.
    Wir wollen Abschied nehmen.
    Ich werde gehen,
    meinen ersten und letzten Schlaf zu tun.
    Du darfst mir nicht folgen
    und auch nichts fragen.
    Wir sehen uns wieder.
    (er streicht ihr sacht übers Haar)
    Lebe wohl, kleine Momo.

MOMO
    Lebe wohl, Meister Hora.

Hora geht. Das Uhrengeräusch wird lauter und nimmt seine Schritte gleichsam in sich auf.

KASSIOPEIA
    Geh! Öffne die Türe weit!
    Eh' alles stille steht.
    Gleich endet die Zeit,
    dann ist es zu spät.

MOMO
    (öffnet die Tür, kehrt zur Darstellerin der Kassiopeia zurück, der sie die Schildkröte aus der Hand nimmt und an sich drückt)

In diesem Augenblick setzt DAS ZEITBEBEN ein, ein ungeheurer Klang, wie ein Seufzen, das aus der Tiefe von Jahrhunderten kommt. Alle Uhren bleiben schlagartig stehen. Totenstille.

EINE STIMME VON DRAUSSEN
    (schrill)
    Rettet Euch!
    Hora hat die Zeit abgestellt.

KASSIOPEIA
    Sie fliehen zurück zu den Speichern.
    Schnell ihnen nach.

Dunkel.
Licht auf Sprecher.

SPRECHER
  Und so begann nun eine umgekehrte Jagd.
  Quer durch die Stadt, eine Jagd,
  bei der das Heer der Grauen Herren flieht,
  und ein kleines Mädchen mit einer Blume
  in der Hand und einer Schildkröte unter dem Arm es verfolgt.
  Manch eine Zigarre erlischt schon,
  manch eine fällt aus verzerrten Lippen zu Boden,
  manch eine reißt einer dem andern aus dem Mund.
  Und so löst sich nach und nach das graue Heer in nichts auf.
  (während der Vorhang aufgeht)
  Aber wie seltsam und erstarrt sieht diese
  Stadt nun aus, jetzt, da es keine Zeit mehr gibt.
  Reglos und unveränderlich und wie in klarem
  Glas eingeschlossen.

Eine Straße. Einige Leute, in verschiedenen Haltungen erstarrt, ste-
hen da. Ein Taubenschwarm schwebt reglos in der Luft, vorne links
steht Beppo Straßenkehrer unbeweglich.

SPRECHER
  Nur noch wenige Nachzügler hasten durch die Straßen,
  um zum ersehnten Ziel zu gelangen.
  Es wird nur von wenigen erreicht werden.

Momo kommt, die Schildkröte auf den Arm, in der Hand die kleiner
gewordene Stundenblume, die als Projektion immer weiter sichtbar
bleibt. Die Darstellerin der Kassiopeia folgt.

KASSIOPEIA
  Dort hinüber liefen sie.

MOMO
(bleibt wie erstarrt stehen)
Beppo!
(sie drückt der Darstellerin der Kassiopeia die Schildkröte in die Hand und stürzt zu ihm hin, bleibt vor ihm stehen und berührt ihn zart)
Ach Beppo, lieber Beppo!
In all den dunklen Stunden
hab ich gesucht nach dir.
Nun, da ich dich gefunden,
wie ferne bist du mir!
So viel will ich dich fragen.
Warum warst du nicht da?
Du kannst es mir nicht sagen,
und bist mir doch so nah.

KASSIOPEIA
Wir müssen weiter, Träumerin!
Die Stundenblume schwindet hin!

Momo wirft einen Blick auf die Blume in ihrer Hand, rafft sich erschrocken auf, nimmt die Schildkröte unter den Arm und eilt hinaus.
Kassiopeia folgt ihr.
Dunkel.
Licht auf den Sprecher, der auftritt.

SPRECHER
Tief unter der Stadt
verzweigt sich ein Aderngeflecht
unterirdischer Gänge.
Dorthin folgen Momo und Kassiopeia heimlich
dem letzten der Grauen Herren.
Im Zentrum des Labyrinthes,
wo alle Gänge zusammenlaufen,
ist ein riesiger Konferenzsaal,
am Ende des Saals – eine Panzertür
und dahinter
die endlosen Vorratskeller,

wo Millionen und Abermillionen
von Stundenblumen stehen, zu Eis gefroren
durch die Kälte der Grauen Herren
wie gläserne Kelche.

Der Sprecher geht ab.
Ein überdimensionaler Konferenztisch, dahinter eine riesige Tresortür,
die halb offen steht. Die Projektion von Momos Stundenblume, schon
sehr reduziert. Momo und Kassiopeia belauschen versteckt die drei
Grauen Herren, die am Tisch sitzend Zigarren drehen. Ihre Kleider
sind zerrissen, die Hüte eingedrückt.

DIE DREI GRAUEN HERREN
    Vom ganzen Grauen Heer wir drei,
    wir drei sind übrig geblieben.
    Viel fehlte nicht – dann wär's vorbei,
    wir wären ins Nichts getrieben.

GRAUER HERR 1
    Und doch dürfen wir hoffen.

GRAUER HERR 2
    Die Tür stand offen.

GRAUER HERR 3
    Welch Zufall! Welch Glück!

ALLE DREI
    Wir drehen die Zeit zurück.
    Wir haben die Stunden,
    Minuten, Sekunden
    hinter den Mauern.
    Wir – überdauern!
    (sie drehen neue Zigarren)

MOMO
    (leise)
    Bitterkalt ist es. Ich friere.

KASSIOPEIA
Du gehst jetzt und schließt die Türe.

MOMO
Wie? Sie bewegt sich nicht mehr.

KASSIOPEIA
Frag nicht. Ich weiß es vorher:
Du wirst es tun.
Geh und berühre sie
mit der Blume.

Momo schleicht mit der „Blume" in der Hand unbemerkt zur Panzertür. Die Schildkröte hat sie vorher abgesetzt. Durch die Berührung mit der „Blume" schließt sich die Tür und fällt donnernd ins Schloss. Vielfaches Echo. Die Grauen Herren sind aufgesprungen und starren Momo konsterniert an.

GRAUER HERR 1
Wer schloss die Tür?

GRAUER HERR 2
Momo, das schreckliche Kind!

GRAUER HERR 3
Mit einer Stundenblume!

GRAUER HERR 1
(rüttelt an der Tür)
Sie öffnet sich nicht mehr!
Wir sind verloren!

GRAUER HERR 2
Noch nicht! Was sie schloss,
kann sie auch wieder öffnen!

GRAUER HERR 3
Die Blume! Her mit der Blume!

Sie verfolgen Momo, reißen sich dabei aber immer wieder gegenseitig zurück.

GRAUER HERR 1
   Mein ist sie!

GRAUER HERR 2
   Nein! Mir gehört sie!

GRAUER HERR 3
   Ich will sie haben!

*Grauer Herr 2 und 3 geraten ins Handgemenge, reißen sich dabei ge-
genseitig die Zigarren aus dem Mund und schleudern sie fort.*

BEIDE
   Verschwinde du!
   (beide verschwinden heulend)

GRAUER HERR 1
   (lacht)
   Nun sind wir zwei allein, meine Kleine!

*Er pafft dicke Wolken und geht auf Momo zu, die Schritt für Schritt
vor ihm zurückweicht. Die Darstellerin der Kassiopeia legt ihm unbemerkt die Schildkröte vor die Füße. Er stolpert, fällt zu Boden und
verliert dabei die Zigarre, die weit weg rollt. Er tastet hilflos auf dem
Boden herum wie ein Blinder. Dann hebt er zitternd die Hand in Momos Richtung.*

GRAUER HERR 1
   Erbarmen, liebes Kind!
   Bitte, gib mir die Blume
   nur einen winzigen Augenblick …

MOMO
   (vor Entsetzen unfähig zu reden, schüttelt den Kopf)

GRAUER HERR 1
   Es ist gut,
   es ist gut, dass nun alles
   vorüber ist …
   (er verschwindet)

Die Projektion der Stundenblume ist jetzt nur noch ein kleiner, flackernder, pulsierender Punkt.

KASSIOPEIA
Geh zur Tür. Öffne sie!

MOMO
(wie erstarrt)
Es ist ... zu spät ...

KASSIOPEIA
Du hast noch Kraft genug.
Ich weiß es.

Momo schleppt sich unter ungeheurer Anstrengung zur Tür und berührt sie mit der „Blume". Die Tür öffnet sich weit, gleichzeitig erlischt die Projektion. Einen Augenblick steht alles still, dann beginnt der ganze Bühnenhintergrund aufzuglühen: Tausende von Stundenblumen beginnen erst langsam, dann immer schneller durcheinanderzuwirbeln.

MOMO
(erwachend)
Wie warm es wird! Die Welt beginnt
von Neuem jetzt zu leben?
Woher kommt dieser Frühlingswind?
Er macht mich tanzen – schweben!

KASSIOPEIA
Gefrorene Lebenszeit taut auf!
Verlorene Stunden kehren wieder!
Die Blütenwolke steigt hinaus
und senkt sich unsichtbar hernieder,
belebend die erstarrte Welt.
Ein jeder nimmt nach Wunsch und Wille
sich Zeit, so viel ihm nur gefällt.
Die Not ist aus! Nun blüht die Fülle!
In die sprießt neuer Zeiten Keim!
Fliege heim, kleine Momo, fliege heim! Fliege heim!

Der Blütensturm verstärkt sich. Momo, wie schwebend, dreht sich in traumhaftem Tanz. Der Konferenzsaal und die Panzertür verschwinden. Langsam sinkt Momo nieder und steht mitten im alten Amphitheater. Eine dichte Menschenmenge, darunter Beppo, Gigi und die anderen Freunde, auf den Stufen. Darüber Sternenhimmel. Alle winken Momo zu – doch alles ist sehr traumhaft.

SPRECHER
  (tritt auf)
  Dies, liebe Freunde,
  ist nun das Ende der Geschichte.
  Aber es ist ein Ende,
  mit dem etwas Neues beginnt.
  Denn nun endlich kann Momo
  ihren Freunden singen
  von den Stundenblumen
  und von den Stimmen der Sterne.
  (er setzt sich unter die anderen auf die Stufen)

Momo beginnt, ohne Worte, die Melodie der Sternenmusik zu singen. Nach und nach fallen Gigi und Beppo ein, dann die anderen Freunde, und schließlich der ganze Chor, erst leise und wie in zögerndem Staunen, dann immer sicherer und strahlender. Hoch über dem Chorgesang schwebt Momos Stimme.

VORHANG!

Inhalt

Der Autor

© Caio Garrubba

Michael Ende (1929–1995) ist einer der erfolgreichsten deutschsprachigen Schriftsteller. Neben Kinder- und Jugendbüchern schrieb er poetische Bilderbuchtexte, Bücher für Erwachsene, Theaterstücke, Gedichte und Essays. Michael Endes Werke wurden in über 40 Sprachen übersetzt und erreichen heute eine Gesamtauflage von über 33 Millionen Exemplaren. Viele seiner Bücher wurden verfilmt und sind auch aus Funk und Fernsehen bekannt.

Mehr Infos zu Michael Ende unter www.michaelende.de

Weitere Titel von Michael Ende bei hockebooks

Der Goggolori
E-Book 978-3-95751-207-9
Print 978-3-95751-332-8

Michael Ende erzählt eine alte bayerische Legende: Einen Pakt mit dem Kobold Goggolori schließt der Bauer Irwing zur Zeit des Dreißigjährigen Krieges. Der Goggolori verspricht, dem Bauern von allem im Überfluss zu schenken. Im Gegenzug fordert er von Bauer Irwing jeweils den ersten Teil der Ernte, des Viehs und des Glücks ein. Doch schon bald sollen der Bauer und seine Frau den Pakt bereuen: Der Goggolori geht noch einen Schritt weiter und verlangt auch Irwings Tochter Zeipoth. In ihrer Verzweiflung ruft Irwings Frau die Ullerin, die mit dunklen Mächten im Bunde steht, zu Hilfe. Ein zerstörerischer Kampf zwischen magischen Gewalten bahnt sich an.

»Ein Werk, das eindrucksvolle Wirkung macht.« (Münchner Merkur)

Die Jagd nach dem Schlarg
E-Book 978-3-95751-210-9
Print 978-3-95751-331-1

Keiner kennt es, alle wollen es haben, obwohl doch jeder Angst davor hat: Die Rede ist vom Schlarg, nach dem mitten im Ozean irgendwo-nirgendwo eine verrückte Schiffsbesatzung jagt. Die Vorlage für dieses Libretto, das Michael Ende eigens für die Bühne des Münchner Prinzregententheaters schrieb, ist Lewis Carrolls Nonsens-Epos »The Hunting of the Snark«.

Komisch, dramatisch, aber immer geistreich – ein echtes Vergnügen für alle Freunde des englisch inspirierten Wortwitzes.

Die Spielverderber
E-Book 978-3-95751-317-5
Print 978-3-95751-330-4

Ein mysteriöser Wohltäter will sein Erbe unter Fremden aufteilen: Dem Träumer, der adlige Lady, dem Ex-Offizier, der Dienstmagd bis zur blinden, verhärmten Bauersfrau – jeder erhält nur ein Stück des Testaments. Um das Erbe antreten zu können, müssen sie nur all ihre Stücke zusammenfügen. Doch nun beginnt ein Ränkespiel, das in einem apokalyptischen Albtraum endet. Denn je mehr sich die Erben streiten, gegenseitig ausspielen, Komplotte schmieden, umso mehr verändert sich die Realität um sie herum. Das Schloss, der Butler, alles scheint eine organische Einheit zu sein, in welcher der Geist des Verstorbenen noch immer sein Wesen treibt. Und auf Lügen, Betrug und Intrige reagiert er mit Verfall und Dunkelheit …

Der Rattenfänger
E-Book 978-3-95751-316-8
Print 978-3-95751-329-8

Die Legende vom Flötenspieler, der nach den verhassten Ratten die geliebten Kinder aus der Stadt Hameln führte und auf Nimmerwiedersehen mit ihnen verschwand, ist uralt. Ihr geheimnisvoller Grusel wirkt jedoch bis heute fort, und ihre Rätsel sind ungelöst:

Wer war der seltsame Mann, der sich auf so grausame Weise an den Bürgern von Hameln rächte? Ein Magier, ein Dämon, ein Vagabund, der Unheil mit Unheil vergalt? Woher kam er, wohin ging er, was geschah mit den Kindern, die arglos den Klängen seiner Flöte folgten?

In seinem »Hamelner Totentanz« spürt Michael Ende, der König der Geschichtenerzähler, diesen Fragen nach und kommt zu Antworten, die selbst eingefleischte Kenner verblüffen werden.

Der Zettelkasten
E-Book 978-3-95751-340-3
Print 978-3-95751-341-0

Michael Ende ist nicht allein ein Erzähler großartiger Märchen und phantastischer Geschichten, er ist auch ein scharfsinniger Denker, der sich Gedanken macht über den Zustand der Welt und sich um positive Zukunftsbilder bemüht. Sein Zettelkasten belegt diesen Doppelaspekt, denn es ist ein aufschlussreiches Lesebuch aus der Werkstatt eines Autors, der in der realen Welt der Menschen und in der Welt der Vorstellungen zu Hause ist.

Das Lesebuch enthält bisher Unveröffentlichtes wie Geschichten und Gedichte, Balladen und Lieder voller Poesie und Phantasie. Aber auch von der realen Welt der Menschen wird im Zettelkasten erzählt: Beobachtungen, Überlegungen und Aphorismen vermitteln überraschende Sichten auf die Welt und schärfen unser Bewusstsein für die Probleme unserer Zeit. Michael Endes literarische wie philosophische Versuche sind Belege für seine Bemühungen, Poesie ins Leben zu verweben, im Leben selbst aber Anregungen für eine lebens- und wünschenswerte Zukunft zu geben.

Mit seinem Zettelkasten greift Michael Ende eine alte literarische Tradition auf. Dieses Werkstattbuch vermittelt ein umfassendes Bild von einem Autor, der zu den wichtigsten Schriftstellern unserer Zeit gerechnet werden muss.

Der Niemandsgarten
Aus dem Nachlass
ausgewählt und herausgegeben von Roman Hocke
E-Book 978-3-95751-327-4
Print 978-3-95751-336-6

In Michael Endes Nachlass finden sich ganz unterschiedliche, unveröffentlichte Texte: Gedichte, Hörspiele, Rätsel, Briefe, Erzählungen, Theaterstücke und auch Romanfragmente. Roman Hocke, Lektor und Freund des Schriftstellers, hat daraus ein buntes Lese- und Vorlesevergnügen komponiert. Der Leser wird auf eine spannende Reise in die faszinierende Welt und Schreibwerkstatt Michael Endes entführt. In allen Entwürfen ist die Kraft der Imagination spürbar, die die Welt verändern könnte, Zusammenhänge offenbaren sich. Die Texte verzaubern mit poetischen Bildern und wunderlichen Gestalten, machen nachdenklich oder verführen zum Träumen.

Phantasie / Kultur / Politik
Protokoll eines Gesprächs
(mit Erhard Eppler und Hanne Tächl)
E-Book 978-3-95751-003-7

Unsere Gesellschaft braucht mehr denn je positive Utopien. Anfang der 80er treffen sich Michael Ende, Hanne Tächl und Erhard Eppler im Tal der Seligen in den Albaner Bergen, nahe Rom. Zwei Tage lang diskutieren der Geschichtenerzähler, die Schauspielerin und der Politiker darüber, wie eine zeitgemäße Utopie aussehen könnte. Welchen Beitrag können und müssen Kultur und Politik für eine bessere Zukunft leisten? Durch den Austausch der Gesprächspartner, die aus ganz und gar verschiedenen Welten kommen, entstehen nach und nach neue Denkansätze für eine bessere und menschlichere Zukunft. Dabei spielt vor allem die Phantasie, die schöpferische Kraft des Menschen, eine überragende Rolle. Ein Debattenbuch, dessen Thesen bis heute Gültigkeit besitzen – denn die Kraft einer positiven Utopie, die die Menschen verbindet, ist in Zeiten globaler Krisen wichtiger denn je.